AF192177

Éditions DIASPORAS NOIRES

www.diasporas-noires.com

©Joëlle TITTI 2019
ISBN version numérique : 9791091999977
ISBN version imprimée :   9791091999984
Date de publication numérique : Septembre 2019

Illustration couverture : DIEM (un artiste du Sénégal)

REGARD D'AFRIQUE

Joëlle TITTI

Poésie

DÉDICACE

Je dédie ce recueil de poèmes à :

La mémoire de mon père, Titti Gottlieb, pour les paroles qu'il m'a dites un jour

La mémoire de mon oncle, Abia Moukouko Philippe, qui m'a transmis l'amour des livres

Et à Yves Bassong, le jeune frère que la vie m'a donné, qui m'a encouragée à écrire.

NEGRITO, MON ALTER EGO

Je l'ai connue cette émotion
De l'enfant qui pour la première fois
Découvre son visage dans un miroir.

Je l'ai connue cette émotion
Quand pour la première fois
Je me suis approchée...
Du negrito d'Asie.

Lorsque je l'ai regardé
Je n'ai pas prêté attention
Au python entourant son cou
Tel un énorme collier.

J'ai plutôt vu...
Ses cheveux crépus comme les miens
Sa peau chocolat comme la mienne
En cet autre moi, le negrito d'Asie.

Quelques années plus tard,
Je l'ai revu ce negrito d'Asie
Au teint chocolat comme le mien
Et aux cheveux aussi crépus que les miens.

Je l'ai revu grattant les cordes d'une guitare
Pour égayer les touristes qui l'observaient en silence
Pendant que son compagnon, avec une étonnante agilité,
Grimpait sur un arbre,
Tel un animal dans son habitat naturel.

Alors que les touristes s'éloignaient
Vers le prochain objet de curiosité
Je suis restée là, face à lui,
Le cœur rempli d'émotion.

Puis, lentement, je me suis approchée
De mon frère noir, cet autre moi,
Le negrito d'Asie.

Et en silence je l'ai dévisagé
Regardant de plus près
Ces cheveux crépus comme les miens
Et ce teint chocolat comme le mien.

Puis, cet autre moi m'a demandé
Dans un mauvais anglais :
" *You... where ?*"

"*Africa*", ai-je répondu après
Un moment d'hésitation
Et lui de poursuivre en balbutiant :
"*How...how long ?*"

Mais comment lui expliquer
L'avion, les escales, et le trajet
De cette Afrique d'où je viens ?

Alors avec résignation,
Je lui ai répondu :
"*Far, very far*".

Le cœur étreint par l'émotion,
Et la tête pleine de questions
Je m'en suis tristement allée
Loin de mon frère
Cet autre moi...
Le negrito d'Asie.

SubicBay 2013 / Douala 2017

CES HOMMES QUI ONT PEUR DU SILENCE

À une heure du matin, à l'heure où
Les hommes dorment d'un profond sommeil,
Jaillit une musique qui transperce le silence de la nuit.
Un CD à pleins décibels diffuse de la musique
Pour ceux qui ont peur du silence.

À une heure du matin, à l'heure où
Les hommes dorment d'un profond sommeil,
Retentit un chant déchirant les épaisses ténèbres,
Et défiant le silence de la nuit.

À une heure du matin, à l'heure où
Dorment les honnêtes gens, la nuit commence
Pour certains hommes et femmes
Qui chantent et dansent pour oublier leurs soucis.

À une heure du matin, à l'heure où
Dorment les bonnes gens, je suis réveillée

Par un chant qui, comme une anesthésie
Vise à endormir l'angoisse d'hommes et de femmes
Qui ne savent de quoi sera fait demain.

À une heure du matin, à l'heure où
Dorment les honnêtes gens,
Je suis réveillée par les chants de ce peuple
Qui reçut en partage la musique, le chant et la danse.

Alors ils chantent, dansent et boivent
Au son d'une musique envoûtante
Accompagnée de chants dont j'ignore le sens.
Mais mon cœur peut entendre la désespérance
D'un peuple qui, à minuit danse pour oublier son mal-être.

À une heure du matin retentissent des chants
Qu'entonnent ces hommes et ces femmes
Qui ont peur du silence.

Puis... à cinq heures du matin, la musique
Cède la place au silence qui précède l'aube.
Ou plutôt... au roulement du tonnerre.

Comme si la nature elle-même se faisait
Soudain complice de ces hommes et femmes

Qui ont peur du silence.

Le bruit de la nature prenant ainsi le relais,
Du bruit fait par ces hommes.
Comme si dans ce coin du pays,
La nature aussi craignait le silence de la nuit.

Roulement incessant et annonciateur
D'une pluie qui refuse de tomber.
Et je suis là, sourire aux lèvres,
Écoutant le roulement d'un tonnerre qui me dit
Que dans ce coin du pays,
Le ciel aussi craint le silence de la nuit.
... Et la musique s'est tue.

UVIRA, 2019

SWAHILI

Karibu... Jambo... Asante sana.....
Langue Swahili, qui résonne comme
Une douce musique.

Karibu... Jambo... Asante sana.....
Swahili, langue qui relie tant de peuples d'Afrique
Le Mwalimu Nyerere, te voulut langue de toute l'Afrique !

Karibu... Jambo... Asante sana.....
Swahili, langue envoûtante qui rappelle
À nos cœurs que nous sommes tous fils et filles
d'Afrique

Swahili ! Il est un jeune père
Qui t'aima tant qu'il donna pour nom
Omari à son fils.

Swahili, langue à laquelle je suis unie
Par le lien du sang

Parce que sur mes genoux
J'ai porté le petit Omari.

Karibu ! Au petit Omari
Qui remplit nos cœurs de joie
Et nos bouches de rires.

Asante sana à la maman du petit Omari
Qui, comme Ruth posa son fils
Sur mes genoux.

Karibu, à mon petit père Omari
Asante Sana, ô Dieu pour ce bout d'homme
Qui remplit nos cœurs de joie.

UVIRA, 2019

16

LE STADE DES "S'EN FOUT LA MORT"

Il y a un stade érigé dans cette partie de la ville
Un stade décoré d'ampoules multicolores
Un stade aux multiples restaurants, bars et autres lieux
de plaisir.

Ce stade, c'est le stade des " *s'en fout la mort* "
Car chaque soir, il rassemble des hommes et des femmes
Qui semblent n'avoir pour seule devise que celle-ci :
Mangeons, buvons et dansons, car demain peut-être nous
mourrons.

Dans ce stade des hommes et des femmes défient la
mort
En mangeant, buvant, dansant et se disant :
S'il faut mourir, hé bien que ce soit le ventre bien plein
De nourriture et de bières.

Ce stade aux couleurs bigarrées, est tel un sourire narquois
Sur le visage d'une ville martyre.
Un stade à la vue duquel l'on se demande
S'il abrite encore quelque compétition.

C'est un stade où hommes et femmes mangent, boivent et dansent
Leur désespérance et pourquoi pas leur espérance ?
Se pourrait-il qu'ils dansent, boivent et mangent pour conjurer le sort ?

De ce stade jaillit chaque soir une musique assourdissante
Qui vous empêche de dormir
Car des hommes et femmes dansent, mangent et boivent
Pour oublier qu'ils sont mortels.

Il se dit qu'au plus fort de la crise, des hommes et des femmes
Y ont mangé, bu et dansé alors que de l'autre côté de la ville...
Sifflaient des balles et tonnaient des obus.

Oui, des hommes et des femmes y ont mangé, bu et
dansé
Pendant que de l'autre côté de la ville
Hommes, femmes et enfants tombaient
Atteints par des balles, obus ou grenades.

Égoïsme, frivolité, insouciance coupable, me direz-vous ?
Que non ! C'est seulement que dans ces nombreux bars et
restaurants du stade
Un peuple anesthésie sa douleur et sa peur dans le
manger, boire et danser.

C'est que ces hommes et femmes téméraires
Boivent, mangent et dansent pour faire un pied de nez à
la mort.
Car, au plus sombre de la nuit, juste avant le petit matin,
Des hommes et des femmes dansent parce qu'ils ne
savent plus rêver.

Et je me suis alors demandé :
Se pourrait-il que ces hommes et femmes
Réunis dans ce stade aux couleurs bigarrées,
Dansent, mangent et boivent
Parce qu'ils ont peur du bruit silence ?

Bangui, 2018

LE TURBAN DU TOUAREG

Bien que je sois femme,
Et femme de la forêt,
Je l'ai tant admiré
Ce fameux turban !
Le majestueux turban des Touaregs.

Un Touareg une fois, me raconta ceci :
Ma sœur voulue un jour,
Que j'ôte mon turban
En traversant un camp.

Elle me dit apeurée :
Mon frère ne porte pas ton turban,
Il pourrait prêter à confusion.

Je lui répondis en souriant :
Ma sœur, ceci je ne le peux,
Car vois-tu, ce turban est symbole
De mon identité touarègue.

Touareg je suis né,

Touareg je resterai.

Et circuler en arborant mon turban,

Est aussi une façon de dire au monde que…

Tout Touareg, n'est pas forcément terroriste.

Dakar, 2018

LA CASE DE L'OUBLI

Il est une case érigée là-bas
Entre océan et porte du non-retour
C'est la case de l'oubli,
Témoin silencieux de ce qui s'est passé.

Il y a une case qui se dresse là-bas
Entre océan bleu et porte du non-retour
Case par où sont passés tous ceux
Qui sont partis pour ne plus revenir.

Elle rappelle au monde
Que ceux qui sont partis
Pour ne plus revenir,
Se sont un jour arrêtés là.

Et j'imagine que dans cette case
Ils ont bu de ce breuvage amer
Pour oublier peur et douleur
Avant de partir pour ne plus revenir.

Elle est là solitaire, cette case de l'oubli
Entre océan et porte du non-retour
Pour rappeler à nos cœurs, nos frères partis
Pour ne plus jamais revenir.

Isolée là-bas, côté gauche, côté cœur
Cette case de l'oubli, témoin silencieux
Nous redit sans cesse :
N'oubliez jamais ceux-là qui sont partis pour ne plus
revenir.

Ouidah 2010 / Douala 2018

LE VILLAGE DES SUICIDÉS

C'est un village situé juste avant la porte de non-retour
Je l'ai appelé "le village des suicidés", car
Là-bas, sont enterrés des hommes et des femmes
Qui préférèrent la mort à la captivité.

Là-bas sont enterrés des hommes et des femmes
Qui choisirent de rejoindre leurs ancêtres
Plutôt que d'être emmenés enchaînés
Vers des terres inconnues.

Rattrapés, fouettés, torturés et tués
Ils préférèrent la mort à la captivité
Ils moururent et furent enterrés là.

Dans ce village, où le sol se referma sur ses enfants
Sont enterrés des hommes et des femmes révoltés
Qui préférèrent la mort à la captivité.

Dans ce village morne, à l'atmosphère étouffante
Où l'air et la terre respirent encore le sang,
L'on peut entendre encore si l'on prête l'oreille,
Les cris de détresse de ces hommes et femmes
Qui refusèrent la captivité et l'exil.

Ce village qui rappelle les souffrances d'un peuple
Humilié, chosifié, violenté, torturé et tué,
Nous rappelle aussi que les fils et filles d'Afrique
Sont des hommes et des femmes debout.

Qui dira l'horrible souffrance de ces hommes et femmes
Doublement pris au piège ?
Seigneur, souviens-toi de toutes
Les souffrances de mon peuple.

Ouidah 2010 / Douala 2018

CET OCÉAN SI BLEU, SI BEAU

Cet océan si bleu, si beau
Océan sur les bords duquel
S'alignent des cocotiers orgueilleusement dressés.

Cet océan si bleu, si beau
Je l'ai contemplé à
Tema, Gorée et Ouidah.

Cet océan si bleu, si beau
Je l'ai contemplé à
Abidjan, Lomé et Bimbia.

Cet océan si bleu, si beau
Qui pourtant arracha à l'Afrique
Ses robustes enfants.

Cet océan si bleu, si beau
Qui se fit complice de nos bourreaux
Cet océan si bleu, si beau

Ne fit pas chavirer leurs bateaux.

Cet océan si bleu, si beau
Qui emmena au loin
Ces infortunés qui furent séparés de ceux qui leur
étaient chers.

Cet océan, si bleu, si beau
Dont le bruit des vagues
Étouffa les cris de détresse.

Cet océan, si bleu, si beau
Qui engloutit les malades et trop faibles
Qui furent jetés à l'eau.

Océan si bleu, si beau
Aux plages de sable fin
Qui nous invitent à la paresse.

Océan si bleu, si beau
Aux plages agrémentées
De parasols et boukarous.

Océan si bleu, si beau
Comment oublier

Qu'un jour tu arrachas
À l'Afrique ses plus beaux enfants?

Douala 2018

LE MUR DE TON ENFERMEMENT

Je veux renverser ce mur pour pénétrer ton monde
Je veux te promettre que…
Nous continuerons le travail commencé.
Je veux crier à Dieu que rien n'est impossible
Je veux crier à Dieu toute ma foi en Lui.
Je veux déposer à Ses pieds toutes mes craintes et mes peurs
Je veux t'aider ma sœur à porter ton lourd fardeau.
Je veux te dire ma fille tout mon bonheur
De te revoir encore après de si longues années.
Et je veux dire à mon Dieu
Merci pour cet immense bonheur.
Je veux dire à mon Dieu que mes yeux
Et mon cœur, sont toujours ouverts
À sa grâce infinie.

New Jersey 2017

LE CRI SILENCIEUX

Prête-moi ta voix…
Je suis la femme-enfant aux rêves brisés
Je suis la femme-enfant au cœur brisé.

Prête-moi ta voix…
Je suis la femme-enfant, pleine de colère
Je suis la femme-enfant, si amère.

Prête-moi ta voix…
Je suis la femme-enfant, sans rêve à moi
Je suis la femme-enfant aux abois.

Prête-moi ta voix…
Je suis la femme-enfant, murée dans sa douleur
Je suis la femme-enfant, murée dans sa colère.

Prête-moi ta voix…
Je suis la femme-enfant, qui ne sait pas rire,
Je suis la femme-enfant, qui n'a pas de sourire.

Prête-moi ta foi…
Je suis la femme-enfant, qui veut apprendre à rire,
Je suis la femme-enfant, qui veut apprendre à sourire.

Prête-moi ta foi…
Car, je veux aussi rêver…

Que demain sera meilleur qu'aujourd'hui
Que l'espoir se lève enfin sur ma triste vie
Qu'enfin Dieu a entendu mon cri étouffé.

Prête-moi ta voix…
Prête-moi ta foi…
Prête-moi ton rire et ton sourire…

Apprends-moi je t'en prie
À rêver mes propres rêves

New Jersey 2017

ÔDE À L'INTERNET ÉGALITAIRE

Je veux célébrer tes bienfaits
Oublier un instant tes méfaits
Sur nos fils et filles que tu dévergondes
Nos filles qui ne rêvent plus que de têtes blondes.

Je veux célébrer tes bienfaits
Sur nos enfants qui rêvent d'un avenir meilleur
Grâce à toi, plus besoin d'aller ailleurs
Ils peuvent enfin se mesurer aux meilleurs.

Youtube nous a donné un champion,
Google nous apprit tant de leçons.
Nos enfants ont pu inventer,
Et un champion très loin a lancé
Son javelot flamboyant
Telle la lance d'un vaillant guerrier.

Douala 2018

LARMES DE FEMMES

Larmes de filles,
Larmes de sœurs,
Larmes d'amies,
Larmes de mères,
Larmes d'épouses,
Larmes d'aïeules.

Larmes de femmes qui jaillissent des entrailles,
Où suintent des cœurs de femmes meurtries par la vie.
Larmes silencieuses qui ruissèlent sur nos joues
Et se muent en sanglots et hoquets.
Larmes qui s'accompagnent de cris
Pour apaiser notre peine.
Larmes qui inondent nos cœurs et nos visages
Exprimant ainsi toute notre détresse.
Larmes qui nous font hurler de douleur
Pour dire notre rancœur et notre souffrance.
Larmes silencieuses de femmes
Lasses de pleurer.

Larmes taries de l'aïeule qui a vu trop de misère
Et ne peut plus pleurer.
Larmes de l'amie dont les yeux se remplissent
À la vue de nos larmes.
Larmes de joie qui font briller nos yeux
Et dessinent sur nos lèvres le plus beau des sourires.
Larmes de reconnaissance qui doucement
Coulent sur nos joues et réchauffent nos cœurs.
Larmes qui inondent notre cœur de joie
Et nous invitent encore à l'espérance.
Larmes de détresse d'une amie, d'une sœur
Qu'on regarde impuissante à apaiser sa souffrance.
Ces larmes, je les ai tant vues sur vos visages
Fatigués et vaincus par la douleur et le malheur.
Larmes jaillies de vos yeux pour remplir les miens,
Exprimant ainsi toute ma compassion.
Larmes de détresse qui nous font
Nous recroqueviller en position fœtale
Sous le regard pétrifié de témoins impuissants.
Larmes qu'accompagne un sourire,
Symbole de notre détermination
À conjurer un sort qui nous est contraire.
Larmes refoulées de l'amie, la sœur
Qui un jour de deuil, jaillissent
Tel un impétueux torrent.

Larmes réprimées de l'amie, la jumelle
Explosant dans les airs pour donner
Naissance à l'enfant de l'espoir de la vie
Qui triomphe de la mort.
Larmes de l'orpheline qui hurle sa peine
Tel un animal blessé dans sa chair.
Larmes de femmes, que Dieu compatissant
Recueille dans le creux de Ses mains.
Larmes, signe de notre féminité.
Ces larmes nous rappellent que nos cœurs
Ne sont pas cœurs de pierre.

Douala 2019

JE CHOISIS D'ÊTRE TON CŒUR

Je choisis d'être Ton cœur
Je choisis d'être Ta bouche
Je choisis d'être Tes mains et
Je choisis d'être Tes pieds…

Pour aller vers tous ceux
Qui ont le cœur brisé
Pour aller vers tous ceux
Qui sont des oubliés.

Je choisis d'être Ton cœur
Je choisis d'être Ta bouche
Je choisis d'être Tes mains et
Je choisis d'être Tes pieds…

Pour aller vers ceux-là
Qui n'osent plus rêver
Pour aller vers ceux-là
Qui sont des rejetés.

Je choisis d'être Ton cœur
Je choisis d'être Ta bouche
Je choisis d'être Tes mains et
Je choisis d'être Tes pieds...

Pour aller vers ceux-là
Dont les rêves furent brisés
Pour aller vers ceux-là
Qui sont ivres de misère.

Je veux être Ton cœur
Je veux être Ta bouche
Je veux être Tes mains
Je veux être Tes pieds...

Pour consoler tous les désespérés
Pour relever la tête de tous les vaincus
Et leur dire : mes frères, mes amis,
Il n'est jamais trop tard
Il est encore possible de rêver
Il est encore possible d'espérer
Il est encore possible de sourire et rire.
Et d'oser croire que demain
Sera meilleur qu'aujourd'hui.

Douala 2019

JE SUIS D'ICI

Ils m'ont dit : Que fais-tu ici ?
Ta place n'est pas ici.
Je leur ai répondu :
Mais, je suis d'ici !

Même si je ne parle pas
La langue de chez moi,
Je suis d'ici !

Je suis d'ici, parce que
Mon ADN témoigne que je suis d'ici
La forme de mon corps rappelle que je suis d'ici
La couleur de ma peau révèle que je suis d'ici
Mes vêtements aux couleurs chatoyantes sont
Un signe distinctif des gens d'ici.

Même mon rire tonitruant exprime mon appartenance à cette terre

Mes pleurs et lamentations bruyantes sont l'évidence que je suis d'ici

Mes chants exubérants témoignent que je suis d'ici

Mes danses rythmées sont l'expression des gens d'ici

Ma musique cadencée est la manifestation que je suis d'ici

Oui, je suis d'ici et je n'en ai point honte.

Quand je suis chez vous…

Vous savez bien que je viens d'ailleurs, car

Mon fort accent trahit ma provenance d'ailleurs

L'odeur de mes plats vous rappelle que je viens d'ailleurs

Vos regards condescendants et votre indifférence

Me crient que je viens d'ailleurs

Votre refus poli de prendre l'ascenseur avec moi

Exprime votre réticence à vous approcher

De moi qui viens d'ailleurs.

Vos hésitations à vous asseoir à mes côtés

Me rappellent que je viens d'ailleurs

Votre curiosité ou votre sollicitude

Me rappellent aussi que je viens d'ailleurs.

Oui je viens d'ailleurs et j'en suis fière, car
Le jour où devant le trône du Dieu très haut
Se présenteront tous les peuples de la terre
Je me joindrai à vous avec mes pagnes bariolés
Mes chants cadencés et mes danses rythmées.
Et mon rire tonitruant, exprimera tout mon bonheur
D'être à ce Grand Rendez-vous parce que
Ce jour-là il n'y aura plus ni *ici* ni *ailleurs*.

Douala, 2019

JE VIS SON CŒUR

Ce matin-là, je vis Son cœur
Ce matin-là, je pus voir
Ses bras grands ouverts
Prêts à nous consoler
De toutes nos misères.
Prêts à pardonner
Nos pires iniquités.

Ce matin-là, je vis le cœur de Dieu
Le matin où je sentis la chaleur de
Ses bras accueillants le pire des pécheurs.
Ce matin où je vis ce cœur plus aimant
Que le cœur d'une mère
Ce matin où je vis ce cœur plus beau
Que le cœur de l'homme.
Le matin où je vis le cœur du Dieu
Qui pardonne aux pires des pécheurs.

Ce matin-là, mon orgueil fut brisé
Par la vision de la splendeur émanant
De l'indicible amour du Dieu qui pardonne
Et choisit d'oublier nos pires iniquités.

Grandeur d'un cœur qui stupéfie le méchant
Pureté qui ne peut être trouvée qu'en Dieu
Compassion qui surprend notre humanité
Amour inconditionnel qui nous ouvre
Grand Son cœur et Ses bras.

Et je fus vaincue,
Je fus brisée et
Changée à jamais.

Douala, 2019

FEMMES-COURAGE

Femmes-courage je vous célèbre
Mères-courage je loue votre résilience
À endurer tête haute, de trop nombreuses souffrances.

Femmes-courage dont l'oreiller souvent baigné de larmes
Est le témoin muet de tant de peines et frustrations.
Femmes-courage aux nuits sans sommeil.

Femmes-courage, mères-courage, sœurs-courage
Dont le doux sourire cache la fragilité
Des êtres blessés par la vie.
Femmes que vos fils vénèrent
Et que vos filles louent.
Car tous savent le lourd tribut, par vous
Payé, par amour pour eux.
Femmes-courage, je vous salue.

Douala, mars 2019

CHANSON DE LA FEMME SANS ENFANT

Vous porterez en terre, la femme sans enfant
Qui vous a tant aimés et à qui vous l'avez si bien rendu.
Oui, vous porterez en terre, la femme sans enfant
Car tous, vous êtes aussi ses enfants.

Oui vous porterez en terre, la femme sans enfant
Car vous tous êtes les enfants que Dieu lui a prêtés.
Vous la portez en terre, cette femme sans enfant
Quand son âme rassasiée de jours
Retournera sans peur, à son Dieu créateur.

Oui vous porterez en terre, la femme sans enfant
Pour qu'enfin elle repose tout près
De son père et sa mère pour l'éternité
Et que Dieu, en bon Père, l'accueille à bras grands
ouverts.

Douala 2018

Tables des matières